POMPÉI
ET LE RÉVEIL DU VÉSUVE

Les dernières heures
de la cité romaine

par Mélanie Mettra

50MINUTES

Avec la collaboration de Damien Glad

POMPÉI ET LE RÉVEIL DU VÉSUVE

- **Quand ?** Le 24 août 79
- **Où ?** À Pompéi, en Campanie (Italie)
- **Contexte ?**
  - L'Empire romain
  - L'éruption du Vésuve
- **Protagonistes ?**
  - Pline l'Ancien, naturaliste et écrivain latin (23-79)
  - Pline le Jeune, écrivain latin (61-114)
  - Giuseppe Fiorelli, archéologue italien (1823-1896)
- **Répercussions ?**
  - Un site archéologique de premier ordre pour la connaissance de la vie antique
  - Des vestiges menacés

La ville de Pompéi, située dans la baie italienne de Naples, est célèbre pour la remarquable conservation de ses vestiges et le témoignage exceptionnel qu'ils apportent sur la vie antique. Ironie du sort, ce qui fut la cause de la disparition de la cité l'a aussi protégée des injures du temps. L'éruption du Vésuve du 24 août 79 a en effet recouvert d'une gangue protectrice toute la plaine qui se trouve entre ses pentes et la Méditerranée, la préservant pendant plus de 1 500 ans. Mais si Pompéi est le symbole de cette catastrophe, ses habitants n'ont pas été les seules victimes, et le territoire classé par l'Unesco depuis 1997 dépasse les limites de cette seule cité. Ce sont en réalité cinq villes qui ont été englouties sous des nuées ardentes dans cette région de Campanie : Herculanum, cité maritime de 5 000 habitants, la plus au nord, Oplontis, cité balnéaire, Pompéi, la plus importante avec environ 20 000 habitants, Boscoreale, et enfin au sud, le petit port de Stabies où Pline l'Ancien décède le 25 août 79. Redécouverts au XVIIᵉ siècle, avec l'immense avantage d'être situés dans un périmètre très peu urbanisé et donc accessible à des fouilles d'envergure, ce sont aujourd'hui près de 98 hectares qui offrent aux archéologues, aux historiens et aux visiteurs le spectacle d'une vie intense mais aussi le récit d'un drame terrible.

- 6 -

CONTEXTE

POMPÉI, UNE CITÉ ANCIENNE

Lorsque le Vésuve entre en éruption, les plaines qui l'entourent sont densément peuplées. On compte en effet quatre cités. La plus active, d'un point de vue économique et politique, est Pompéi. Riche de 20 000 habitants, elle est située sur un plateau, à l'embouchure du fleuve Sarno. Sa position lui permet de surveiller la côte qui s'étend à ses pieds. Oplontis n'est pas à proprement parler une ville, mais un quartier résidentiel et balnéaire de Pompéi. Herculanum, plus au nord, est un port qui accueille à la fois des résidences luxueuses et des habitations de pêcheurs. Stabies est également une station balnéaire cossue. L'arrière-pays compte de nombreuses villas, et les cultures s'étendent presque jusqu'au sommet du Vésuve.

Le peuplement de ce territoire est ancien. Malgré les risques que présentent les zones volcaniques, la fertilité particulière de leur sol est attrayante. Si des vestiges de la fin de la préhistoire ont été retrouvés à Pompéi, la première implantation d'un village à part entière semble remonter au VIIᵉ siècle av. J.-C., avec l'installation du peuple osque (peuple venu des Apennins). D'abord sous influence grecque, Pompéi passe ensuite aux mains des Étrusques qui gagnent le Sud de l'Italie depuis la Toscane au cours du VIᵉ siècle av. J.-C., fondant sur leur passage de nombreuses cités. La position de la ville est stratégique pour les Étrusques, qui doivent faire face aux puissantes colonies grecques. En effet, le site permet à la fois le contrôle de la mer et celui de la vallée fertile du Sarno, fleuve navigable qui conduit à une autre cité étrusque, Nucera, permettant de relier le commerce maritime méditerranéen avec l'intérieur de la Campanie. Les Étrusques semblent donc avoir fédéré les populations locales en cités organisées.

Mais au Ve siècle av. J.-C., les Grecs d'abord, après la victoire navale de Cumes (474 av. J.-C.), puis les Samnites, arrivés en Campanie depuis les Apennins, mettent à mal la civilisation étrusque. Les Samnites prennent alors possession de Pompéi. La ville s'étend, des fortifications plus imposantes l'entourent, les campagnes sont organisées en exploitations agricoles. Mais les Romains, dont la puissance commence à dépasser le Latium (région d'Italie centrale), deviennent des adversaires redoutables. Lors de la deuxième guerre entre Romains et Samnites, à la toute fin du IVe siècle av. J.-C. (327-302), ces derniers sont contraints de laisser le contrôle de la Campanie à leurs adversaires. La Pompéi samnite devient donc l'alliée de Rome et le reste pendant la deuxième guerre punique (218-201 av. J.-C.) qui l'oppose au Carthaginois Hannibal (général et homme d'État, 247-183 av. J.-C.). Cette fidélité lui permet de prospérer tout au long des IIIe et IIe siècles av. J.-C. La ville se développe, aussi bien au sein de ses fortifications qu'*extra-muros* sur l'ensemble de son territoire, où prospèrent les propriétés agricoles. Mais en 90 av. J.-C., éclate la guerre sociale (de *socii*, en latin, qui signifie « alliés ») entre Rome et ses cités alliées.

LA GUERRE SOCIALE : ROME À LA CONQUÊTE DE L'ITALIE

À l'aube de notre ère, l'Italie est composée d'une mosaïque de peuples (Samnites, Marses, Apuliens, Lucaniens, Gaulois, etc.), dont les cités se sont, au fil des ans, des conflits et des défaites, alliées à Rome. Mais au début du Ier siècle av. J.-C., les tensions se multiplient. En effet, tout en utilisant les forces armées fournies par ses alliés pour conquérir de nouveaux territoires, Rome les considère toujours comme des vassales et n'hésite pas à s'immiscer dans leur vie politique et économique. Lorsqu'un projet de loi visant à faire profiter les seuls citoyens romains des terres publiques obtenues par les Romains lors de leurs conquêtes est établi, le tribun Livius

Drusus (mort en 91 av. J.-C.) se prononce contre cette idée et soutient devant le Sénat l'attribution de la citoyenneté romaine à tous les habitants des cités alliées. Le refus qu'on lui oppose, puis son assassinat, mettent le feu aux poudres.

Les cités alliées tentent alors de se réunir en une confédération (dite « italique », du nom des peuples de la péninsule), sous la direction du Marse Quintus Pompedius Silo (mort en 88 av. J.-C.) et du Samnite Claudius Papius Mutilus. En 90 av. J.-C., par la loi Julia, Rome accepte finalement d'étendre la citoyenneté romaine à toutes les cités qui ne se sont pas soulevées contre son autorité.

LA CITOYENNETÉ ROMAINE

Au Ier siècle, la citoyenneté romaine s'applique à cinq catégories d'hommes :

- les fils de citoyen romain ;
- les esclaves affranchis de citoyens romains ;
- les étrangers ayant effectué un service miliaire de plus de 24 ans dans l'armée romaine ;
- les magistrats des cités étrangères de droit latin ;
- les habitants d'une cité conquise par faveur de l'empereur.

Néanmoins, seuls les citoyens fils de citoyen peuvent accéder à la magistrature et au Sénat.

Après la guerre sociale, les cités alliées du Sud de l'Italie et de Gaule cisalpine puis de Gaule (édit de l'empereur Claude, 48) obtiennent la citoyenneté pour leurs habitants, à condition de remplir les critères financiers. Enfin, l'édit de Caracalla (212) accorde la citoyenneté à tout homme libre de l'empire.

Une fois acquise, celle-ci confère des droits civils, politiques et militaires, et permet surtout de suivre le *cursus honorum* qui donne accès aux plus hautes fonctions administratives à Rome. Elle s'accompagne également de devoirs, tels que le paiement de l'impôt, le recensement, la participation financière ou personnelle à la défense de l'empire, etc.

Dans le même temps, Rome envoie ses armées, commandées par le général Sylla (138-78 av. J.-C.), soumettre les cités rebelles, dont font partie Herculanum et Pompéi. La première devient un municipe (cité à gouvernement autonome, souvent calqué sur les institutions romaines, avec un droit de citoyenneté réduit), tandis que la seconde est proclamée colonie romaine en 80 av. J.-C., sous le nom de *Colonia Cornelia Veneria Pompeianorum* (« colonie dédiée à Venus Pompeiana »). La colonie diffère du municipe dans le sens où elle est peuplée pour moitié de colons (citoyens romains), et pour moitié des autochtones italiques. De nombreux Romains s'installent donc à Pompéi, occupant les résidences des anciennes élites samnites chassées et s'appropriant leurs propriétés terriennes.

Commence alors une ère de prospérité, qui se poursuit sous l'empire. Sous le règne d'Auguste (empereur romain, 63-14 av. J.-C.), la Campanie est rattachée au Latium pour constituer la première région administrative de l'Empire romain. Auguste favorise la bourgeoisie de Pompéi, dont les vieilles familles autochtones, afin de s'attirer leur soutien. En retour, celles-ci contribuent à enrichir la cité, célébrant le culte impérial, obligatoire et public, par le biais de somptueuses réalisations architecturales. C'est également sous son règne que sont construits les aqueducs et les châteaux d'eau qui alimentent en eau courante non seulement les fontaines publiques, mais également les demeures privées d'Herculanum et de Pompéi. La prospérité perdure sous les successeurs d'Auguste. Les cités de la baie napolitaine attirent l'aristocratie romaine, qui s'installe en ville, mais surtout dans les villas de la campagne et du bord de mer.

Mais Pompéi n'est pas seulement un lieu de villégiature. C'est avant tout une cité marchande de premier plan, caractérisée par l'intensité de ses échanges avec le reste de l'empire. Elle attire une population cosmopolite et jouit d'une vie politique animée. Avec l'éruption du 24 août 79, cette vitalité va prendre brutalement fin.

LE RÉVEIL DU VÉSUVE

Des représentations du volcan, au pied duquel s'étendent ces cités prospères, montrent une montagne au sommet pointu, couverte de terres cultivées, en particulier de vignobles. Les premiers colons grecs de la région l'ont surnommée « champs Phlégréens », « champs brûlants », en référence aux résurgences d'eau bouillante. Quelques auteurs, comme Strabon (géographe grec, vers 64 av. J.-C.-vers 25 apr. J.-C.), évoquent la nature volcanique du terrain. Mais sa tranquillité depuis quelques centaines d'années a fait oublier aux populations locales sa dangerosité. Le premier coup de semonce a lieu le 5 février 62. Les récits de Tacite (historien romain, 56-117) dans les *Annales* et de Sénèque (philosophe, homme politique et dramaturge romain, 4 av. J.-C.- 65 apr. J.-C.) dans les *Questions naturelles*, ainsi qu'un bas-relief de marbre découvert dans une villa de Pompéi témoignent du tremblement de terre (estimé de magnitude 5) dont Pompéi est l'épicentre et qui détruit une grande partie de la cité. Lorsque, en 79, le Vésuve se réveille et entre en éruption, la ville est encore en plein chantier de reconstruction.

BIOGRAPHIES

PLINE L'ANCIEN, NATURALISTE ET ÉCRIVAIN LATIN

Né en 23, sans doute à Côme, Pline l'Ancien est un écrivain latin, issu d'une riche famille de l'ordre des chevaliers. Il fait ses études à l'école des rhéteurs de Rome puis devient officier de cavalerie en Germanie entre 47 et 57. Il interrompt sa carrière militaire sous le règne de Néron, époque à laquelle il réside principalement à Rome.

Nommé par le successeur de Néron, Vespasien (9-79), procurateur de la Narbonnaise (province romaine du sud de la Gaule) et d'Hispanie, il reprend la route et va jusqu'en Afrique du Nord. Rappelé à Rome auprès de l'empereur comme conseiller personnel, il est nommé à la mort de ce dernier commandant de la flotte stationnée à Misène, au nord de la baie de Naples, par le nouvel empereur Titus (39-81). Témoin de l'éruption du Vésuve en 79, il affrète un navire afin d'aller l'observer au plus près et de porter secours à ses amis de Stabies, où il meurt asphyxié.

Passionné par l'apprentissage et animé d'une curiosité insatiable, il écrit toute sa vie durant de nombreux ouvrages, aussi bien de science et d'histoire militaire, d'histoire impériale – poursuivant l'œuvre de Tite-Live (historien romain, 59 av. J.-C.-17 apr. J.-C.) –, de grammaire et de rhétorique, et surtout une *Histoire naturelle* en 37 livres, dédiée à Titus. Cette somme de savoirs zoologiques, botaniques et géographiques antiques est la seule œuvre qui nous soit parvenue de lui.

PLINE LE JEUNE, ÉCRIVAIN LATIN

Né en 61 à Côme, orphelin de père, élevé par ses tuteurs, Verginius Rufus (14-97) d'abord, vainqueur du soulèvement de la province romaine de Lyon, sénateur, gouverneur de Gaule cisalpine, puis consul romain sous l'empereur Nerva (30-98), et Pline l'Ancien, son oncle, il est adopté par testament par ce dernier. Il fait ses études à Rome, et reçoit en particulier les enseignements du célèbre rhéteur Quintilien (35-100). Avocat réputé, il suit le traditionnel *cursus honorum* pour accéder à la fonction de sénateur. Il est nommé légat impérial en Bithynie par Trajan (empereur romain, 53-117) en 111.

Sa correspondance, avec ses amis lettrés, mais aussi avec l'empereur Trajan, représente une œuvre littéraire magistrale et un témoignage précieux sur la vie et la pensée de son siècle. C'est dans ses lettres à son ami Tacite qu'il fait le récit de la mort de son oncle lors de l'éruption du Vésuve, fournissant ainsi une description unique de l'événement.

Il meurt en 113.

UNE DESCRIPTION CÉLÈBRE

La description détaillée de l'éruption du Vésuve de 79 par Pline le Jeune est passée à la postérité en archéologie et en histoire, mais également en volcanologie. En effet, l'adjectif « plinien » désigne un type d'éruption caractérisé par un magma visqueux, dont la montée déclenche des explosions violentes entraînant l'émission de panaches éruptifs de plusieurs kilomètres de haut, suivis de pluies de cendres et de fragments volcaniques, sur le modèle de celle du Vésuve.

GIUSEPPE FIORELLI, ARCHÉOLOGUE ITALIEN

Né à Naples le 8 juin 1823, Giuseppe Fiorelli fait des études d'archéologie et de numismatique. Membre du musée archéologique de Naples, il effectue ses premières fouilles à Pompéi en 1848 pour le musée. Il revient sur le site en 1860, cette fois pour le compte de l'université de Naples où il est professeur d'archéologie.

Il est le premier à mettre en œuvre une technique de fouille respectant les différentes strates archéologiques. Il procède également au dégagement des rues, souvent délaissées et encombrées par les gravats du déblaiement des maisons. Il met de l'ordre dans la cité qui se divise ainsi petit à petit en régions et en quartiers (*insulae*), et fait numéroter chaque habitation. La même minutie s'applique aux objets trouvés qui sont identifiés, numérotés et répertoriés dans des carnets de fouille précis, publiés sous le titre *Pompeianorum Antiquitatum Historia*. Mais sa réalisation la plus célèbre est le moulage de certaines victimes de l'éruption. En effet la cendre, une fois solidifiée, conserve l'empreinte de ce qu'elle a recouvert, en particulier le corps des victimes, humaines et animales, de la catastrophe. La décomposition des matières organiques crée un espace vide au sein de la poche de cendre. Giuseppe Fiorelli y fait couler du plâtre, avant de briser la coque de cendre durcie. Il obtient ainsi des moulages stupéfiants de corps figés dans la position où la mort les a saisis. Ce procédé sera ensuite appliqué pour retrouver la trace des éléments décomposés (restes alimentaires, éléments en bois, etc.).

Nommé directeur du musée national de Naples, puis directeur des Antiquités nationales italiennes en 1875, il meurt à Naples le 28 janvier 1896.

MORT ET RENAISSANCE DE POMPÉI

LE 24 AOÛT 79

« Le neuvième jour avant les calendes de septembre, [...] il paraissait un nuage d'une grandeur et d'une forme extraordinaire. [...] La nuée s'élançait dans l'air, sans qu'on pût distinguer à une si grande distance de quelle montagne elle sortait. L'événement fit connaître ensuite que c'était du mont Vésuve. [...] Il paraissait tantôt blanc, tantôt sale et tacheté, selon qu'il était chargé de cendre ou de terre. Déjà sur ses vaisseaux volait une cendre plus épaisse et plus chaude, à mesure qu'ils approchaient ; déjà tombaient autour d'eux des éclats de rochers, des pierres noires, brûlées et calcinées par le feu [...]. Cependant, de plusieurs endroits du mont Vésuve, on voyait briller de larges flammes et un vaste embrasement dont les ténèbres augmentaient l'éclat.

Depuis plusieurs jours, un tremblement de terre s'était fait sentir. Il nous avait peu effrayés, parce qu'on y est habitué en Campanie. Mais il redoubla cette nuit avec tant de violence, qu'on eût dit, non seulement une secousse, mais un bouleversement général. [...] Ce qu'il y a de certain, c'est que le rivage était agrandi, et que beaucoup de poissons étaient restés à sec sur le sable. De l'autre côté, une nuée noire et horrible, déchirée par des tourbillons de feu, laissait échapper de ses flancs entr'ouverts de longues traînées de flammes, semblables à d'énormes éclairs. [...] Il parut une lueur qui nous annonçait, non le retour de la lumière, mais l'approche du feu qui nous menaçait. » (extrait des lettres de Pline le Jeune à Tacite relatant la mort de Pline l'Ancien)

Ces extraits des lettres de Pline le Jeune à son ami Tacite font le récit du drame qui secoue la Campanie en ce mois d'août 79. L'éruption commence quelques jours avant, par une série de tremblements de terre et la disparition de sources. Dans la nuit du 23 au 24, la première explosion, légère, fait jaillir du cratère une poussière fine et quelques débris. Elle n'est sans doute remarquée que par les habitants des villas qui occupent les pentes du Vésuve. C'est l'une d'entre eux, Rectina, l'épouse d'un ami de Pline l'Ancien, qui lui fait porter un message d'appel à l'aide à Misène. Dans l'après-midi du 24 août, une pluie de cendres et de petites pierres ponces légères tombe sur la baie de Naples, et le nuage qui les contient plonge la plaine dans une obscurité totale.

Tout au long de la journée, la taille des pierres augmente et celles-ci détruisent les toits des maisons, déjà fragilisés par les tremblements de terre. La mer est elle aussi agitée par les mouvements telluriques et commence à se retirer, signe précurseur du tsunami qui s'abat quelques heures plus tard sur les côtes. Le 25 août, aux pluies de cendres succèdent des nuées ardentes, coulées de matériaux et de gaz à plus de 400 degrés, dévalant les pentes du volcan à une vitesse pouvant atteindre 600 km/heure et brûlant tout sur leur passage. Pompéi est ensevelie la première, suivie d'Herculanum, également recouverte de boue poussée par une coulée de magma issue du cratère effondré.

Une partie de la population, terrifiée, a tenté de se calfeutrer dans les maisons, qui, sous le poids des pluies de débris, se sont effondrées. Les Pompéiens restés dans les rues sont asphyxiés par les gaz brûlants et leur corps est emprisonné dans une gangue de cendre. D'autres, qui ont tenté la fuite par la mer, ont péri dans le raz-de-marée. Beaucoup réussissent toutefois à échapper au cataclysme en partant à pied ou en char loin des villes.

LES LENDEMAINS DE LA CATASTROPHE

Le Vésuve fait, en deux jours, un nombre considérable de victimes. À Pompéi, il est estimé à 10 % de la population (2 000 personnes sur une population totale d'environ 20 000 habitants), et, dans la région, on compte au total entre 10 000 et 20 000 morts. Le paysage est apocalyptique. Mais l'hébétude est de courte durée et rapidement la ville de Pompéi, qui n'est recouverte que de deux à trois mètres de dépôts volcaniques (contre une vingtaine à Herculanum), voit venir à la fois ses habitants qui ont fui et les pilleurs, qui cherchent dans les maisons détruites des trésors abandonnés. Mais l'empereur Titus fait surveiller les décombres. Peu à peu, plus personne ne s'intéresse à ce champ de ruines où les cultures reprennent leurs droits. Le lieu porte le nom, flou, de *civita* (« la cité »), jusqu'à sa redécouverte et son identification au XVIIIe siècle.

LA RENAISSANCE DE POMPÉI

Jusqu'à la fin du XVIe siècle, les cités enfouies sont recouvertes de vignobles et de cultures. Entre 1592 et 1600, la construction d'un canal sur le fleuve Sarno par l'architecte italien Domenico Fontana

(1543-1607) met au jour des peintures, des monnaies et des inscriptions, mais l'ingénieur les recouvre. Sans doute, tout au long des siècles, des vestiges étaient-ils apparus lors de forages de puits, de labourage de champs, trouvailles éparses et sans attrait pour leurs contemporains.

Au XVIIIe siècle cependant, sous le règne de Charles VII (roi de Naples, 1716-1788), l'archéologie et, surtout, la découverte d'objets d'art antiques commencent à revêtir un certain prestige. Lorsqu'il entend parler de découvertes faites à Herculanum en 1738, le souverain lance une première campagne de fouilles, menée par l'ingénieur Roque Joachin de Alcubierre (1702-1780). En 1748, c'est au tour du site de Pompéi d'être excavé par l'abbé Martorelli, et, en 1763, la cité est identifiée.

Les fouilles sont désordonnées, car leur objectif est la collection d'œuvres d'art, et non l'étude de la civilisation antique. Tout ce qui ne paraît pas avoir de valeur esthétique est donc détruit, et les lieux sont remblayés après avoir été explorés. Ces pratiques, dénoncées par celui qui est considéré comme le premier historien de l'art, spécialiste de l'Antiquité, Johann Joachim Winckelmann (1717-1768), font aussi la renommée des deux sites qui attirent des invités prestigieux.

Cette frénésie perdure sous la domination napoléonienne, encouragée par Joachim Murat (maréchal de France et roi de Naples, 1767-1815) et son épouse Caroline Bonaparte (1782-1839). Après une période plus calme qui suit la chute des princes français, le début de la période d'unification de l'Italie (1815-1870), et le bref passage d'Alexandre Dumas (homme de lettres français, 1802-1870), nommé par Giuseppe Garibaldi (homme politique italien, 1807-1882) comme superintendant des fouilles, le roi Victor-Emmanuel II d'Italie (1820-1878) confie la direction du site à l'archéologue Giuseppe Fiorelli. Les fouilles prennent désormais un caractère scientifique.

En 1875, son successeur, Michele Ruggiero, entreprend les premières restaurations d'envergure et la consolidation des fresques. La passion et l'intensité des fouilles et des restaurations ne cessent pas au XXe siècle, sous l'impulsion cette fois de Vittorio Spinazzola (1863-1943) et d'Amadeo Maiuri (1886-1963). Le site, qui regroupe à la fois les cités d'Herculanum, de Pompéi et de l'actuelle Torre Annunziata, proche du site de Stabies, est déclaré patrimoine mondial de l'humanité par l'Unesco en 1997. Depuis quelques décennies, le problème ne réside plus dans les fouilles, mais dans la conservation de ce patrimoine, qui, protégé pendant plus de 1 700 ans, se détériore désormais très rapidement.

UN PATRIMOINE À NOUVEAU MENACÉ

Le sort des vestiges mis au jour n'est pas toujours heureux. En effet, la découverte met les ruines aux prises avec les altérations dues au contact avec l'air, la sécheresse, l'humidité, la lumière et surtout avec le public. Si les objets peuvent bénéficier de mesures de conservation spécifiques, celles-ci sont bien plus compliquées à mettre en place lorsqu'il s'agit de monuments et les sites du Vésuve n'échappent pas à ces problématiques. Si Pompéi a subi des bombardements durant la Seconde Guerre mondiale (1939-1945), un tremblement de terre en 1980, l'assaut des intempéries et la fréquentation annuelle de près de 2 millions de visiteurs, ce sont aujourd'hui des problèmes financiers qui la fragilisent. Avec les crises économiques qui secouent la péninsule et l'Europe entière, le budget alloué à la culture en Italie diminue et ne permet plus de faire face non seulement aux chantiers de restauration et de préservation du site, mais également au simple entretien et au gardiennage. Les peintures et les mosaïques se dégradent, les fresques se décollent, les édifices s'écroulent, tant dans les lieux peu fréquentés par les touristes que dans les quartiers les plus visités. L'effondrement de la maison des gladiateurs, en novembre 2010, a toutefois alerté l'opinion publique et l'Unesco a tiré le signal d'alarme. L'Union européenne a alors sommé l'Italie d'utiliser les fonds mis à la disposition du Gouvernement dans des chantiers de restauration avant 2015, sous peine de devoir rembourser les sommes versées. Cependant, les lenteurs administratives et les problèmes d'attribution des marchés de restauration laissent de maigres espoirs à la cité pompéienne.

LE SITE ARCHÉOLOGIQUE ET SES DÉCOUVERTES

La négligence actuelle dont souffrent les cités antiques du golfe de Naples compromet un patrimoine inestimable. L'éruption de 79 a en effet figé brutalement et surtout protégé de façon extraordinaire et unique au monde des lieux saisis dans leur vitalité. Herculanum, Pompéi et Stabies fournissent donc d'incroyables témoignages de la vie antique dans ses moindres détails. On peut y suivre l'évolution de l'habitat, des mœurs, de la vie commerciale et politique sur plus de cinq siècles.

L'HABITAT

Les fouilles ont permis de dévoiler les différentes époques de l'habitat pompéien. Les traces les plus anciennes révèlent des maisons organisées en blocs, autour d'un réseau de rue peu organisé, dans l'enceinte de fortifications en tuf (roche volcanique locale). La classe moyenne vit dans des sortes de lotissements où les maisons sont quasiment identiques : elles sont composées d'un couloir qui dessert deux pièces et au bout duquel se trouve une pièce de séjour, avec ensuite une nouvelle série de chambres à l'arrière et un petit jardin potager. À l'époque samnite (du Ve au Ier siècle av. J.-C.), les élites possèdent des maisons à *atrium* : la pièce de séjour devient une pièce de réception, marquée par une ouverture centrale donnant sur un bassin.

Au IIe siècle av. J.-C., l'opulence de la cité et ses liens étroits avec les cités grecques qui l'entourent et celles de la Méditerranée avec lesquelles elle commerce, entraînent la construction de résidences luxueuses. Les maisons à double *atrium* (l'un privé et l'autre de réception) se multiplient, le jardin utilitaire devient jardin d'agrément, transformé en péristyle (entouré de colonnes et de toitures ombragées) sous l'influence hellénistique, visible également dans la décoration. Les tapis de mosaïques qui se retrouvent dans les résidences les plus luxueuses (certaines font près de 3 000 m^2), représentent des scènes tirées de l'histoire grecque. La mosaïque laisse également entrevoir des scènes de la vie quotidienne, comme le célèbre *cave canem* qui prévient le passant de la présence d'un chien. La peinture murale de l'époque samnite, qui sert à masquer la maçonnerie, imite le marbre. Les maisons ordinaires quant à elles ne disposent pas de sol de mosaïque, se contentant de terre battue ou de pavés de tuf.

Avec l'obtention du statut de colonie romaine, les habitations continuent d'évoluer, sortant de l'enceinte de murailles devenues obsolètes. Beaucoup de maisons de plaisance et de villégiature s'installent sur les rivages du golfe de Naples, comme la villa des Mystères ou la villa de Diomède, près d'Herculanum. La maison urbaine, dans une cité dont le plan se romanise, avec des rues droites et perpendiculaires établies autour d'un *cardo* (voie centrale de la cité du nord au sud), s'ouvre en grand sur l'extérieur par des terrasses. Le décor se transforme également : la peinture devient trompe-l'œil, créant de nouveaux espaces virtuels, comme des jardins ou des scènes de théâtre animées de personnages grandeur nature. Plus tard, la peinture devient symbolique, traduisant un imaginaire nourri par la mythologie et l'exotisme, tandis que la mosaïque joue avec la polychromie et la géométrie.

La dense activité économique pompéienne et la diversité des populations qui se côtoient à Pompéi (vieilles familles samnites, riches colons romains, mais aussi toute une bourgeoisie de commerçants, campaniens ou étrangers) influencent l'architecture domestique de l'époque romaine. Les maisons bourgeoises, à la différence des maisons aristocratiques, ne disposent pas de pièces d'apparat, de réception, mais sont parfois d'une superficie imposante. Elles se dotent souvent d'un étage, soit pour y accueillir les appartements des domestiques et esclaves ou, dans les maisons des classes moyennes, pour la location. Fait notable, la ville n'est pas divisée en quartiers reposant sur des bases sociales : une résidence bourgeoise peut jouxter aussi bien un palais qu'une maison plus modeste.

LA VIE ÉCONOMIQUE

Les bâtiments qui témoignent de la vie économique animée de Pompéi sont nombreux. Les *tabernae* (lieux destinés à la vente), comme la *Taberna Fortunatae*, bordent les rues, qui sont pour la plupart pavées, offrant aux habitants fruits, légumes, céréales, vin, mais aussi des produits artisanaux, des tissus et des bijoux. Des graffitis retrouvés sur les murs de ces *tabernae* permettent de connaître le prix du vin : 1 as pour un vin de basse qualité, 4 pour le vin de Falerne, grand cru de l'époque.

LE SAVIEZ-VOUS ?

La monnaie romaine, comme la nôtre, est composée de pièces de valeurs différentes. Celle qui a la plus grande valeur est le talent, suivi de la mine, puis de l'aureus (monnaie d'or), du denier (monnaie d'argent), du sesterce (monnaie de bronze), de l'obole et de l'as. Le rapport entre ces différentes monnaies a évolué au fil du temps.
Ainsi, à sa création (vers le IIIe siècle av. J.-C.), le *denarius* (« dizaine ») correspondait à 10 as. Mais l'empereur Auguste décide de réorganiser le système monétaire et change la valeur du denier la faisant monter à 16 as, tandis que le sesterce en vaut 4. Rapporté au pouvoir d'achat de l'époque, un ouvrier gagne environ 2 à 4 sesterces pour jour travaillé, soit 8 à 16 as.

On retrouve également des boulangeries, dont l'activité est décrite dans des fresques et des mosaïques. Les *thermopolia*, échoppes où les habitants les plus modestes pouvaient se restaurer sur le pouce dans la journée, comme le *thermopolium* du Laraire, avec leurs comptoirs de marbre dans lesquels s'encastrent les *dolia*, d'énormes jarres remplies de nourriture, permettent aux habitants et aux commerçants de passage de prendre leur repas. Le contenu de ces *dolia* (olives, poissons en saumure, légumes secs, bouillies, etc.) a parfois été retrouvé, offrant ainsi un extraordinaire témoignage sur l'alimentation des Pompéiens.

Le *macellum* symbolise également l'importance commerciale de Pompéi. Le marché de denrées alimentaires bénéficie d'un lieu qui lui est spécialement dédié. En plus d'une ceinture de boutiques et de l'indispensable *sacellum* (lieu dédié au culte impérial), les marchands ambulants installent leurs étals aux emplacements préalablement réservés auprès de la municipalité. Les vendeurs de produits frais bénéficient d'une fontaine pour y conserver leurs marchandises, et une table des poids permet d'assurer l'honnêteté des vendeurs. Teintureries, tanneries, mais aussi lupanars, tout aussi richement décorés de frises, de peintures murales, que les maisons d'habitation, permettent de pénétrer dans le quotidien actif de la cité.

LA VIE POLITIQUE ET RELIGIEUSE

La vie politique et religieuse pompéienne est connue tout d'abord grâce aux édifices habituels qui caractérisent la vie publique de toute cité romaine : forum, basilique et temples ponctuent le cheminement dans la ville. Ils sont également des illustrations de l'évolution de l'architecture et des influences. Le temple d'Apollon, le plus ancien, remonte à l'installation étrusque tandis que le temple d'Isis, datant du IIe siècle av. J.-C., représente la conception samnite de l'architecture publique. Le temple de Jupiter, à peu près de la même époque, est transformé en capitole avec la colonisation romaine de la cité, montrant l'adaptation et la réutilisation des bâtiments au gré des influences successives.

Les élites de l'époque impériale, pour s'attirer les voix de leurs concitoyens aux élections, mais aussi pour montrer leur puissance et asseoir leur image, rivalisent dans la dépense de leurs fonds privés pour embellir la ville, agrandissant les monuments anciens, remplaçant le tuf par le marbre, construisant de nouvelles installations dédiées à la vie publique et tout particulièrement aux loisirs.

LOISIRS ET VIE QUOTIDIENNE

La prospérité de Pompéi se traduit également dans ses infrastructures de loisir. La ville compte deux installations thermales, qui remontent au Ier siècle av. J.-C., un amphithéâtre, un théâtre et un odéon (lieu dédié aux représentations musicales), une palestre (lieu d'entraînement sportif disposant d'une piscine). L'adduction d'eau, qui remonte à l'installation samnite, est grandement améliorée au cours des siècles avec la construction d'aqueducs qui permettent d'alimenter des châteaux d'eau (14 ont été retrouvés, répartis dans toute la ville), dotant ainsi la cité pompéienne de l'eau courante, grâce à des kilomètres de canalisation en plomb. Les maisons, les jardins, mais surtout les fontaines publiques installées à tous les angles de rues et les thermes bénéficient de ces installations.

Par ailleurs, la cendre a permis de conserver ce qui d'habitude disparaît rapidement : la matière organique. Outre les restes humains et des animaux ont été retrouvés, également surpris par les nuées ardentes et figés dans l'instant : chiens cherchant à se dégager de leur chaîne, mules essayant de fuir les murs de la boulangerie où elles actionnaient la meule. Des restes alimentaires comme un pain, des fonds de *dolia*, des coupelles d'olives ou de noix complètent ce tableau de la vie d'une cité, pris sur le vif par la colère volcanique.

La richesse des découvertes pompéiennes repose aussi sur des découvertes rares et dont la quantité est ici précieuse. En effet, du fait de l'état de conservation des bâtiments et des murs, de nombreux graffitis ont été retrouvés, pleins d'humour, de virulence, de spontanéité, de poésie, mais aussi, parfois, de vulgarité. Beaucoup de bâtiments ont ainsi pu être identifiés grâce aux inscriptions qui y ont été gravées. Ils donnent également des informations sur les prix des aliments, du vin, de l'entrée aux thermes. On trouve encore des inscriptions réalisées lors des élections, mais aussi des invectives laissées par les particuliers. Loin des phrases gravées dans le marbre, les graffitis de Pompéi sont un symbole de l'extraordinaire souffle de vie qui habite la cité.

- La ville de Pompéi a été fondée au VIe siècle av. J.-C., dans le golfe de Naples, près du Vésuve.
- Elle devient une colonie romaine vers 80 av. J.-C.
- Détruite en partie par un tremblement de terre en 62 et reconstruite, elle est ensevelie sous une pluie de cendre suite à l'éruption du Vésuve le 24 août 79, dont le récit nous a été transmis grâce aux lettres de Pline le Jeune.
- Après avoir totalement été oubliée, les premières traces de la ville sont signalées à la fin du XVIe siècle et les premières fouilles sont entreprises en 1748.
- Elles sont poursuivies par Napoléon Bonaparte et Joachim Murat alors qu'ils possédent le royaume de Naples, mais ne deviennent systématiques qu'à partir de 1860, en particulier sous la direction de l'archéologue Giovanni Fiorelli.
- Le site de Pompéi, d'Herculanum et de Torre Annunziata (Oplontis), représentant une superficie de 98 hectares, est classé patrimoine mondial de l'Unesco depuis 1997.
- Il est aujourd'hui menacé par le manque d'entretien dû à une mauvaise gestion des fonds.

POUR ALLER PLUS LOIN

BIBLIOGRAPHIE

- Barbet (Alix), *Les cités enfouies du Vésuve. Pompéi, Herculanum, Baies, Stabies*, Paris, Fayard, 2001.
- Coarelli (Filippo), *Pompéi, la vie ensevelie*, Paris, Larousse, 2005.
- Etienne (Robert), *La vie quotidienne à Pompéi*, Paris, Hachette, 1998.
- Géroudet (Noëlle), « La représentation figurée du tremblement de terre romain de 62 apr. J.-C. à Pompéi : médiatisation d'une catastrophe naturelle ? », in *Récits et représentations des catastrophes depuis l'Antiquité*, Grenoble, CNRS-MSH Alpes, 2005.
- Grimal (Pierre), *La civilisation romaine*, Paris, Flammarion, 1998.
- Lamoine (Laurent), *Le pouvoir local en Gaule romaine*, Clermont-Ferrand, Presses universitaires Blaise-Pascal, 2009.
- Lessing (Erich) et Varone (Antonio), *Pompéi*, Paris, Éditions du Terrail, 1995.
- Robert-Boissier (Béatrice), *Pompéi. Les doubles vies de la cité du Vésuve*, Paris, Ellipses, 2011.
- Van Andringa (William), *Pompéi : mythologie et histoire*, Paris, Éditions du CNRS, 2013.

SOURCES COMPLÉMENTAIRES

- « Introduction », in *Noctes Gallicanae*.
  http://www.noctes-gallicanae.fr/Pompeii/Pompeii.htm
- « L'éruption du Vésuve 79 après J.-C. », in *Planet Terre. Eduscol*.
  http://planet-terre.ens-lyon.fr/article/vesuve-eruption-79.xml
- *Pompéi, un art de vivre exceptionnel*, Revue *Historia*, n° 778, 2011.
- « Pompéi », in *Pompei Ercolano Stabia*.
  http://www.pompeiisites.org/

ROMANS

- Bulwer-Lytton (Edward), *Les Derniers Jours de Pompéi*, 1834.
- Gautier (Théophile), *Arria Marcella, souvenirs de Pompéi*, 1852.
- Lundgern (Maja), *Pompéi*, 2004.

FILM ET DOCUMENTAIRES

- *Les Derniers Jours de Pompéi*, film de Mario Bonnard et Sergio Leone, avec Steve Reeves et Christine Kaufmann, Allemagne-Espagne-Italie-Monaco, 1959.
- *Le 24 août 79 : la Destruction de Pompéi*, émission *2000 ans d'histoire* de Patrice Gélinet, France, 1999.
- *Pompéi*, série *C'est pas sorcier* de Catherine Breton, France, 2001.
- *Herculanum : une bibliothèque sous les cendres*, documentaire de Julie Walker, États-Unis, 2003.
- *Pompéi*, émission *2000 ans d'histoire* de Patrice Gélinet, France, 2009.
- *Pompéi : capitale de l'archéologie*, émission *La Marche de l'Histoire* de Jean Lebrun, France, 2011.*Un jour à Pompéi*, émission *Carnet nomade* de Colette Fellous, France, 2011.
- *La Cité disparue de Pompéi*, documentaire de Chris Holt, Grande-Bretagne, France, 2013.

www.50minutes.com

Éditeur responsable : Lemaitre Publishing
Rue Lemaitre 4 | BE-5000 Namur
info@lemaitre-editions.com

ISBN ebook : 978-2-8062-5920-2
ISBN papier : 978-2-8062-5921-9
Dépôt légal : D/2014/12603/229
Photo de couverture : © Carlo Mirante.

Conception numérique : Primento,
le partenaire numérique des éditeurs